LES DOSSIERS HACHETTE

Écolier et citoyen

Instruction civique et morale cycle 2

ISABELLE CARLIER
PROFESSEUR DES ÉCOLES
ANGÉLIQUE LE VAN GONG
PROFESSEUR DES ÉCOLES

hachette
ÉDUCATION

Responsable de projets : Marie LUCAS

Création de la maquette de couverture : Laurent CARRÉ et Estelle CHANDELIER

Exécution de la maquette de couverture : TYPO-VIRGULE

Illustration de la couverture : Matthieu ROUSSEL

Création de la maquette intérieure : Laurent CARRÉ et Estelle CHANDELIER

Mise en pages : TYPO-VIRGULE

Illustrations : Gilles POING (illustrations techniques), Nathalie DESVERCHÈRES (illustrations du sommaire, bandeaux et fonds matière), Magali TESSIER (illustrations de l'affiche p. 59), Stéphanie BELLAT (toutes les autres illustrations).

Cartographie : Nathalie GUÉVENEUX

Fabrication : Nicolas SCHOTT

PAPIER À BASE DE FIBRES CERTIFIÉES

hachette s'engage pour l'environnement en réduisant l'empreinte carbone de ses livres. Celle de cet exemplaire est de : 600 g éq. CO_2 Rendez-vous sur www.hachette-durable.fr

ISBN : 978-2-01-117911-1

AVANT-PROPOS

Les programmes de l'école primaire de 2008 et la circulaire n° 2011-131 du 25 août 2011 mettent l'accent sur l'instruction civique et morale, enseignement qui permet de former des citoyens capables de vivre ensemble, de partager, de coopérer, de s'entraider, de se respecter, mais aussi de prendre soin d'eux-mêmes. « Cet apprentissage s'accompagne de l'acquisition progressive de la responsabilité et de l'autonomie. » (*Progressions pour le CP et le CE1, B.O. du 5 janvier 2012*).

À travers ce **DOSSIER** ***Écolier et citoyen***, les élèves prendront conscience des notions de droits et devoirs par l'apprentissage des règles de politesse et de vie en société. Ils recevront les bases d'une éducation à la santé et à la sécurité. De plus, ils seront informés et sensibilisés aux risques d'Internet et aux différentes formes de maltraitances. Enfin, dans le souci de former les citoyens de demain, ils apprendront à reconnaître et à respecter les symboles de la République ainsi qu'à s'investir dans la société.

Ce **DOSSIER** est découpé en 8 chapitres. Chacun s'organise en trois doubles pages qui traitent les grandes thématiques du programme :

- Chaque double page aborde une problématique à partir de documents variés : photographies, dessins, tableaux, textes, affiches, couvertures de livres… Les élèves observent et répondent à des questions qui les amènent à réfléchir, argumenter, s'interroger, puis à comprendre et construire leurs connaissances.
- La dernière page s'achève par un bloc-notes qui fait le point sur les connaissances acquises dans le chapitre. Les mots importants sont signalés en rouge et expliqués dans le lexique.

Après les chapitres 3, 6 et 8, une double page « *À la manière de…* » permet d'approfondir une notion abordée précédemment (les règlements de classe, la prévention des incendies et les droits des enfants) par une démarche de questionnement et de création.

Les rabats de couverture et les gardes reprennent les symboles de la République française et proposent une synthèse sur les grandes règles de politesse et de respect et les services mis à la disposition de chacun dans une ville. Enfin, un dictionnaire de maximes illustrées est proposé en fin de dossier comme base à des débats en classe pour découvrir les principes de la morale.

Les auteurs

Écolier

et citoyen

TON PAYS

ÊTRE UN CITOYEN ACTIF

Qu'est-ce que

Quand tu nais, tu as une identité : une famille, un prénom, un nom, une date de naissance et une nationalité.

Tim, l'un des jumeaux
Léa, la fille aînée
Hugo, l'autre jumeau
Martin, le père
Sylvie, la mère

Document 1 : Une famille.

1. Combien y a-t-il de personnes dans cette famille ?

2. Combien Martin et Sylvie ont-ils d'enfants ?

3. Comment l'aînée s'appelle-t-elle ?

4. À ton avis, qui lui a donné ce prénom ?

Document 2 : Un prénom, un nom et une nationalité.

5. Quels sont le prénom et le nom de chacun de ces enfants ?

6. Quelle sont leurs nationalités ?

7. De quel pays Lim est-il originaire ?

8. Et toi, quelle est ta nationalité ? ton origine ?

l'identité ?

Document 3 : Un anniversaire.

9. Que font ces enfants ?

10. Quand fêtes-tu ton anniversaire ?

11. Que fête-t-on le jour de ton anniversaire ?

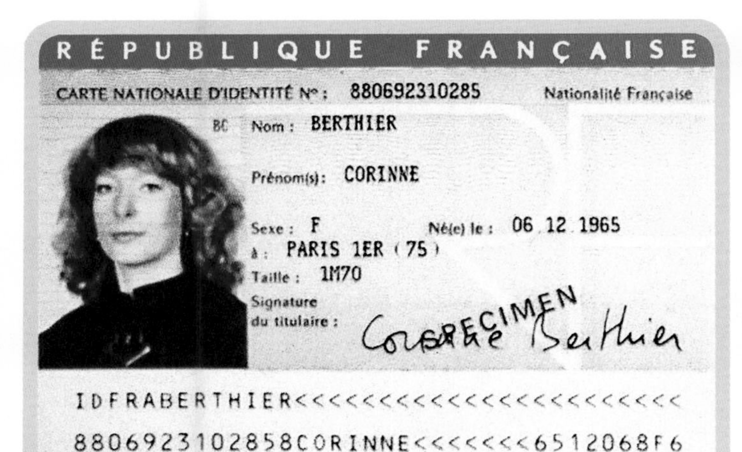

RÉPUBLIQUE FRANÇAISE

CARTE NATIONALE D'IDENTITÉ N° : 880692310285 Nationalité Française

Nom : BERTHIER

Prénom(s) : CORINNE

Sexe : F Né(e) le : 06.12.1965

à : PARIS 1ER (75)

Taille : 1M70

Signature du titulaire :

IDFRABERTHIER<<<<<<<<<<<<<<<<<<<<<<<

8806923102858CORINNE<<<<<<<6512068F6

Adresse : 104 RUE DES FLEURS
92100 BOULOGNE-BILLANCOURT

Carte valable jusqu'au : 21.06.1998

délivrée le : 22.06.1988

par : SOUS-PREFECTURE DE BOULOGNE-BILLANCOURT (92)

Signature de l'autorité :

Document 4 : Une carte d'identité.

12. Comment cette personne s'appelle-t-elle ?

13. Est-ce un garçon ou une fille ?

14. Quand est-elle née ?

15. Quelle est sa nationalité ?

16. Quelles autres informations trouves-tu sur ce document ?

Un enfant est un futur adulte. Il a besoin de vivre avec sa famille, de jouer et d'aller à l'école pour apprendre à devenir adulte.

Document 1 :
Parents et enfants.

1. Que représente cette photographie ?

2. Combien y a-t-il de personnes ?

3. Combien y a-t-il d'enfants ?

4. Comment fais-tu la différence entre les parents et les enfants ?

Document 2 :
Dans un parc.

5. Que font ces enfants ?

6. À quels autres jeux des enfants peuvent-ils jouer ?

7. Et toi, à quels jeux joues-tu ?

Document 3 :
À l'école.

8. Où sont ces enfants ?

9. Que font-ils ?

10. À quoi cela leur sert-il ?

11. Qui est l'adulte présent ?

12. Quel est son rôle ?

Document 4 :
Enfant ou adulte ?

13. Que font les enfants photographiés sur cette affiche ?

14. Ont-ils les mêmes activités que toi ?

15. Que signifie le mot « exploité » ?

16. À ton avis, faire travailler des enfants est-il autorisé par la loi en France ?

Qu'est-ce qu'être

Un adulte est une personne capable de vivre seule ou de s'occuper d'une famille. Il protège les enfants et leur apprend à devenir responsables.

1. Que font ces personnes ?

2. Sont-elles chez elles ou dans un restaurant ? Qu'est-ce qui te le montre ?

3. Pourquoi les adultes travaillent-ils ?

Document 1 : Des adultes au travail.

❶

❷

❸

Document 2 : Adultes et enfants.

4. Que se passe-t-il dans la vignette ❶ ?

5. Que fait l'enfant dans la vignette ❷ ? Et l'adulte ?

6. Que fait l'adulte dans la vignette ❸ ? Pourquoi ?

7. Quels rôles les adultes ont-ils auprès des enfants ?

ÊTRE RESPONSABLE

À 18 ans, une personne est déclarée adulte.
Un adulte sait ce qui est bien ou mal : on dit qu'il est responsable de ses actes.
Au contraire, un enfant ne sait pas toujours ce qui est bien ou mal.
Les adultes sont là pour le guider et le protéger. C'est par exemple le rôle de tes parents.

Document 3

8. À partir de quel âge est-on déclaré adulte ?

9. Quelle est la différence entre un adulte et un enfant ?

10. Que signifie « être responsable » ?

LEXIQUE

Être responsable : savoir si ce que l'on fait est bien ou mal.

Identité : ensemble des informations qui permettent d'identifier une personne.

Nationalité : appartenance d'une personne à un pays.

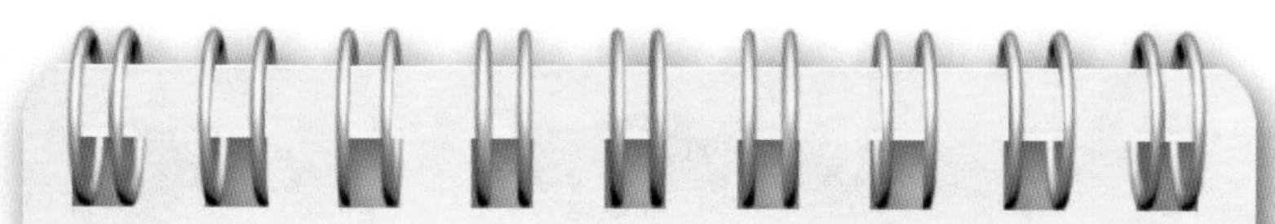

BLOC-NOTES

Ton identité

Quand tu es né(e), tes parents ont **déclaré ta naissance** à la mairie.
Ils t'ont donné **le nom de leur famille** et **un prénom** qu'ils ont choisi.
Ils ont aussi indiqué **ta date de naissance** et **ton sexe**.

Ces informations sont notées sur **ta carte d'identité** ou sur **ton passeport**. Tu peux aussi y trouver **ta nationalité**.

De l'enfant à l'adulte

L'école et **le jeu** aident les enfants à grandir et à se construire. Ils apprennent à **vivre avec les autres** et **enrichissent leurs connaissances**.

À l'école ou à la maison, les adultes sont là pour **aider** et **protéger** les enfants.
Ils leur apprennent aussi à **bien agir** et à **bien se comporter**.

À 18 ans, le jeune adulte est considéré comme **responsable** de ce qu'il fait.
Il peut à son tour **fonder une famille**, avoir un logement, et acheter ce dont chaque membre de sa famille a besoin.

Pourquoi y a-t-il

Tu dois respecter des règles à l'école pour pouvoir bien travailler avec tes camarades.

Document 1 : Dans une classe il y a 350 ans.

1. Où se passe cette scène ?

2. Que font ces enfants ?

3. Quels enfants te semblent avoir un mauvais comportement ? Pourquoi ?

4. Que devraient faire les deux adultes pour améliorer la situation ?

des règles à l'école ?

Document 2 : Une école aujourd'hui.

5. Quels enfants se comportent bien ?

6. Quels enfants se comportent mal ? Pourquoi ?

7. Quels enfants jouent à des jeux dangereux ? En connais-tu d'autres ? Lesquels ?

8. Comment les adultes pourraient-ils réagir ?

9. Quel est ce document ?

10. À qui s'adresse-t-il ?

11. À quoi sert-il ?

12. À ton avis, qui l'a écrit ?

13. Que pourrait-on y ajouter ?

Document 3

UN RÈGLEMENT D'ÉCOLE

À l'école :

– J'arrive toujours à l'heure.
– Je suis poli(e) avec tout le monde.
– Je ne fais pas de gestes violents ou insultants.
– Je me range calmement quand ça sonne.
– J'entre et je m'installe calmement en classe ou à la cantine.
– En classe, je suis concentré(e) sur mon travail.
– Je respecte le matériel.

Signatures :

l'enfant   les parents

Comment dois-tu te comporter

**Tu dois respecter les lieux et les biens publics qui servent à tout le monde.
Tu dois aussi bien te comporter avec les gens qui t'entourent.**

Document 1 : Ne pas abîmer les biens publics.

1. Qu'est-il arrivé à ces deux biens publics ?

2. Est-ce normal ? Pourquoi ?

Document 2 : Bien se comporter dans un bus.

3. Que font ces enfants ?

4. Pourquoi est-ce dérangeant pour les autres passagers ?

5. Qu'est-ce qui peut mettre les passagers de ce bus en danger ?

Document 3 : Respecter les panneaux.

6. Que veulent dire ces panneaux ?

7. Dans quels lieux peux-tu les voir ?

8. Pourquoi faut-il les respecter ?

9. En connais-tu d'autres ? Lesquels ?

Document 4 :
Faire attention aux autres.

10. Décris les personnages de cette affiche.

11. Que fait celui dessiné en jaune ?

11. Qu'attendent ceux dessinés au trait noir ? Pourquoi ?

13. Explique le slogan de cette affiche.

Que dois-tu faire si on ne te

Si quelqu'un te menace, te fait mal ou te propose quelque chose d'inhabituel, tu dois en parler à un adulte qui pourra t'aider.

Document 1 : Dans la vie quotidienne.

1. Quels dangers ces enfants courent-ils s'ils ne suivent pas les conseils de la mascotte ?

Document 2 : Dans la cour.

2. Que se passe-t-il dans cette scène ?

3. Que dois-tu faire si un autre enfant te menace ?

Document 3 : Plaquette « Allô enfance en danger ».

4. À quoi ce numéro de téléphone sert-il ?

5. Qui peut l'appeler ?

6. Qu'est-ce qui peut mettre un enfant en danger ?

7. À ton avis, mettre un enfant en danger est-il autorisé par la loi ?

LES NUMÉROS D'URGENCE

Il y a trois numéros d'urgence à connaître :
– le **17** pour la police et la gendarmerie (agressions, vols...) ;
– le **18** pour les pompiers (feu, accidents à la maison ou sur la route…) ;
– le **15** pour le SAMU (problèmes de santé urgents, accidents…).

Document 4 : Les numéros d'urgence.

8. S'il y a le feu chez toi, qui dois-tu appeler ?

9. À quoi la police sert-elle ?

10. Qui te répond si tu appelles le 15 ?

11. À ton avis, pourquoi doit-on connaître ces numéros ?

LEXIQUE

Bien public : matériel qui sert à tout le monde.

Règle : comportement à suivre par tout le monde.

Règlement : ensemble des règles à respecter.

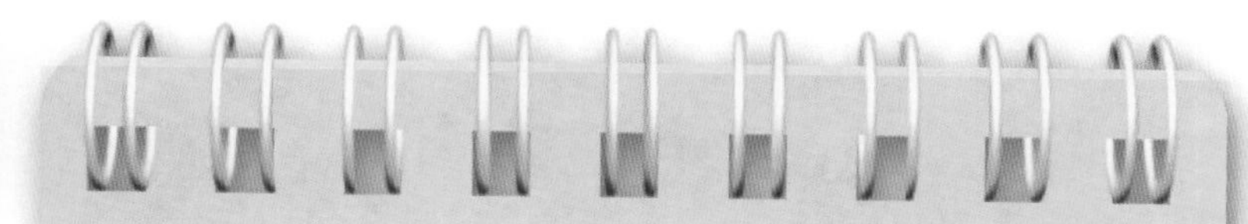

BLOC-NOTES

Les règles à l'école

À l'école, tu es entouré(e) d'adultes et d'autres enfants. Tous doivent respecter **des règles** pour **bien vivre ensemble** et **bien travailler**. Le **règlement** de ta classe et celui de ton école te donnent ces règles. Par exemple : tu ne dois pas bavarder en classe, ni courir dans les couloirs ou te bagarrer.

Les règles dans la vie quotidienne

À l'extérieur de l'école, tu dois aussi respecter des règles. Des **biens publics**, comme les poubelles, servent à tout le monde. Tu dois faire attention à **ne pas les abîmer** car ils sont utiles à tous.

Dans les lieux et les transports publics, comme la bibliothèque ou le bus, tu dois **faire attention aux autres** : ne pas les déranger et ne pas les mettre en danger. Par exemple, tu ne dois pas faire de bruit, ni faire peur au chauffeur du bus ou occuper une place assise si quelqu'un en a plus besoin que toi.

Appeler à l'aide

Si tu dois respecter les autres, **les autres doivent aussi te respecter**. Si tu rencontres un problème à l'école, chez toi ou dans la rue, tu dois en parler à tes parents ou à un adulte que tu connais.

Il existe aussi **des numéros de téléphone à connaître** en cas de danger (la police, les pompiers, le SAMU…).

Comment bien vivre

Tu as besoin des autres dans la vie de tous les jours.
Pour bien vivre ensemble, il faut apprendre à partager et à s'entraider.

Document 1 : **Faire attention aux autres.**

1. Qu'est-ce qui te montre que cette enfant n'agit pas bien avec les autres ?

❶

❷

Document 2 : **Travailler ensemble.**

2. Sur ces photographies, qu'est-ce que les enfants ont réussi à accomplir tous ensemble ?

3. Un enfant aurait-il pu réaliser seul le dessin de la photographie ❶ ? gagner seul le match de foot de la photographie ❷ ? Pourquoi ?

avec les autres ?

Document 3 :
Partager avec les autres.

4. Que font ces deux garçons ?

5. Pourquoi est-ce important de partager les uns avec les autres ?

Document 4 :
Aider ceux qui en ont besoin.

6. Que fait cet enfant ? Pourquoi ?

7. As-tu déjà aidé des personnes qui en avaient besoin ? Raconte.

Être poli, c'est bien parler aux autres et bien se comporter avec eux.

Document 1 :
Les règles de la politesse
(vignette extraite de *Max se fait insulter à la récré*, de Dominique de Saint-Mars (auteur) et Serge Bloch (illustrateur), coll. « Ainsi va la vie », © éd. Calligram).

1. De qui la maman des deux enfants parle-t-elle ?

2. Pourquoi ses enfants sont-ils choqués ?

3. À quoi les règles de politesse servent-elles ? Cites-en deux.

Document 2 : Les mots de la politesse.

4. Cet enfant est-il poli ? Explique ta réponse.

TUTOYER ET VOUVOYER

Tutoyer, c'est utiliser la deuxième personne du singulier, c'est-à-dire **TU**.
Tu peux tutoyer les gens que tu connais bien (ta famille, tes amis…).

Vouvoyer, c'est utiliser la deuxième personne du pluriel, c'est-à-dire **VOUS**. Généralement, tu vouvoies les gens que tu ne connais pas ou qui sont plus âgés que toi. C'est une marque de respect.

Document 3

5. Que veut dire « vouvoyer » ?

6. Que veut dire « tutoyer » ?

7. Donne des exemples de personnes que tu tutoies et de personnes que tu vouvoies.

8. Lis ces proverbes. D'où vient chacun d'entre eux ?

9. Dans ces proverbes, quels mots montrent que la politesse est importante partout ?

PROVERBES SUR LA POLITESSE

- La politesse est une clef d'or qui ouvre toutes les portes. (*proverbe tunisien*)
- On demande le parfum à la fleur et à l'homme la politesse. (*proverbe indien*)
- La politesse est une richesse et l'employer la perfection. (*proverbe égyptien*)
- La politesse est une monnaie destinée à enrichir qui la dépense. (*proverbe persan*)

Document 4

Le respect, c'est faire attention aux autres et ne pas leur faire ce que tu n'aimerais pas qu'on te fasse.

LA LIBERTÉ

« La liberté des uns s'arrête là où commence celle des autres. » Cette phrase définit très bien la notion de respect. Concrètement, cela veut dire que tu peux faire ce que tu veux à partir du moment où cela n'ennuie pas les autres. Par exemple, tu peux écouter de la musique mais pas trop fort pour ne pas gêner ton frère ou ta sœur qui est en train de faire ses devoirs dans la chambre d'à côté !

1. Selon cette phrase, peut-on toujours faire tout ce que l'on veut ? Pourquoi ?

Document 1

Document 2 : **La violence.**

2. De quoi ces deux livres parlent-ils ?

3. Qu'est-ce que la violence ?

4. Comment est-elle illustrée sur chaque couverture ?

5. Pourquoi faut-il lutter contre la violence ?

le respect ?

Document 3 : Le racisme.

6. Que représente ce dessin ?

7. Quelles sont les différences entre ces enfants ?

8. Lis la phrase sur leurs vêtements. Que veut-elle dire ?

9. Qu'est-ce que le racisme ? Cherche dans le dictionnaire.

10. Pourquoi le racisme empêche-t-il de bien vivre ensemble ?

LEXIQUE

Être raciste : rejeter quelqu'un en raison de sa couleur de peau, de sa religion ou de ses origines.

Politesse : ensemble des règles de savoir-vivre.

Respect : fait d'être attentif aux autres et à ce qui nous entoure.

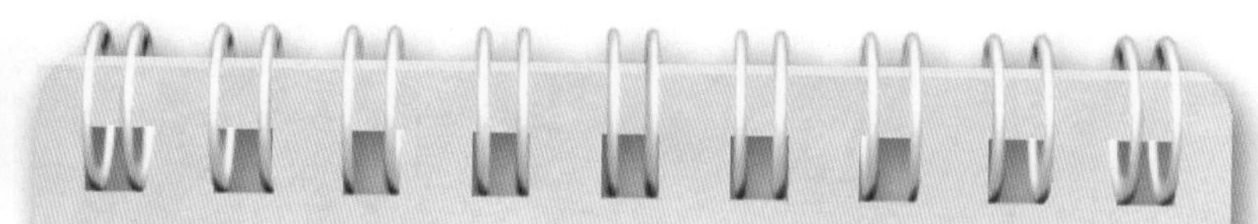

BLOC-NOTES

Vivre avec les autres

Bien vivre ensemble, c'est savoir **s'appuyer les uns sur les autres** : tu réussiras plus de choses avec tes amis que tout(e) seul(e). Par exemple, pour gagner un match de football, chaque joueur de l'équipe est important !

Tu dois aussi savoir **partager avec les autres** : tes jouets, ta nourriture, ton matériel de classe.

Certaines personnes peuvent avoir besoin de toi parce qu'elles sont handicapées, âgées ou en difficulté. Tu dois **savoir** les **aider** et leur rendre la vie plus facile.

La politesse

Pour bien vivre avec les autres, tu dois suivre **les règles de politesse** : c'est une marque de **respect**.

La politesse peut passer par **des mots** ou par **des gestes** : par exemple, dire « s'il te plaît » vouvoyer les adultes, te lever quand un adulte entre dans la classe ou te taire quand les autres parlent.

Le respect

Nous sommes tous différents les uns des autres. Bien vivre ensemble, c'est aussi **respecter ces différences**. Elles peuvent être visibles (notre taille, notre âge, notre couleur de peau...) ou pas (nos idées, nos croyances...). Tu n'as pas le droit de te moquer de quelqu'un, d'être violent(e) ou **raciste**.

Je découvre les règlements d'école et de classe

Pour que tous les élèves à l'école puissent bien vivre ensemble, on établit des règlements d'école et de classe.
Ils servent à dire ce qui est autorisé et ce qui est interdit.

Le règlement de l'école est fait par le directeur et les enseignants.
Il explique quels comportements il faut avoir à l'école en général : arriver à l'heure, être poli, ne pas se bagarrer...

Le règlement de classe est fait par les élèves avec le maître ou la maîtresse.
Il établit les règles à suivre dans la classe pour que tous les élèves se comportent bien et ne gênent pas leurs camarades.
Ainsi, tout le monde peut travailler dans de bonnes conditions.

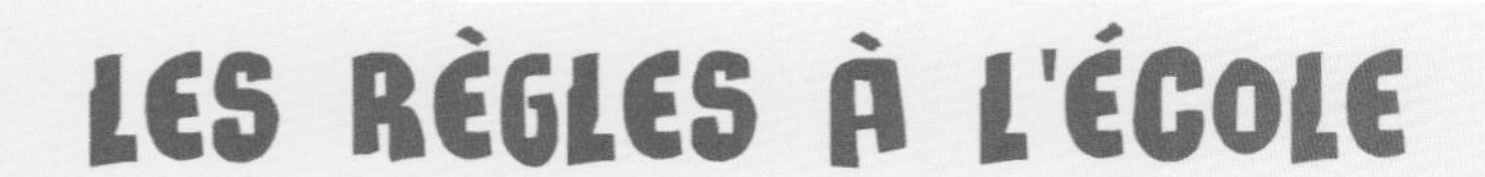

Être à l'heure

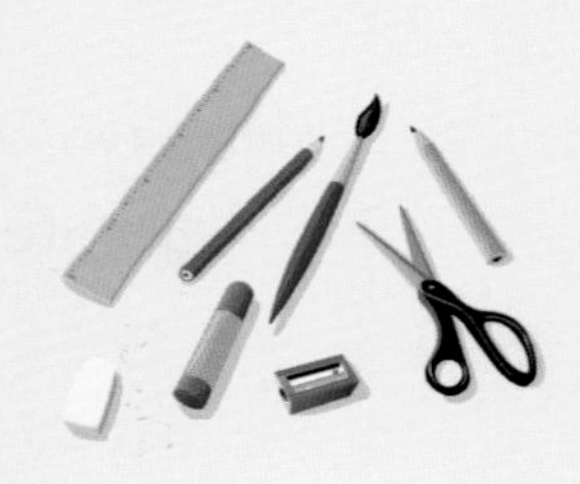

Avoir son matériel

Ne pas se bagarrer

Bien se ranger dans la cour

Aller aux toilettes à la récréation

Être poli et respectueux

Faire signer mots et cahiers

Écouter les adultes

Extrait d'un règlement d'école.

un règlement de classe

J'OBSERVE LES COMPORTEMENTS DANS UNE CLASSE

Dans cette classe, certains élèves se comportent bien… et d'autres non ! Sauras-tu les repérer ?

J'ÉCRIS UN RÈGLEMENT DE CLASSE

Écris un règlement pour les élèves de cette classe.

- Commence par recopier et compléter ce tableau en regardant le dessin :

Bons comportements	Mauvais comportements
…	…

- Pour chaque comportement que tu as identifié, écris la règle qui correspond.
  Tu peux commencer chaque règle par un verbe à l'infinitif ou par « Je dois » ou « Je ne dois pas » (arracher, chuchoter, lancer, ramasser, partager, aider, casser, nettoyer, jeter, écrire, lever, ennuyer, bavarder, rester…).
- Si tu vois d'autres règles à ajouter, tu peux les écrire aussi.

Comment avoir une

Pour être en bonne santé, il faut faire attention à soi : bien dormir, bien manger, faire du sport et prendre soin de son corps.

	Nombre d'heures de sommeil nécessaires
Un bébé	16 à 18 heures à la naissance, puis 14 à 15 heures environ à 1 an
Un enfant	10 à 12 heures
Un adolescent	9 à 10 heures
Un adulte	7 h 30 à 8 heures

Source : INSV et INPES.

Document 1 : Dormir.
Le sommeil est indispensable à ta vie. Pendant que tu dors, ton corps se repose, grandit et reprend des forces. De plus, il range dans ta mémoire tout ce que tu as appris durant la journée.

1. Que fait ton corps lorsque tu dors ?

2. Combien d'heures dois-tu dormir ? et tes parents ?

3. À ton avis, pourquoi un adulte a-t-il moins besoin de dormir ?

Document 2 : Prendre soin de ton corps.

4. Combien de fois par jour dois-tu te doucher ?

5. Quand dois-tu te laver les mains ?

6. Si tu ne te laves pas les mains et que tu es malade, que peut-il arriver aux gens qui t'entourent ?

7. Que peux-tu faire pour prendre soin de tes dents ?

8. Combien de fois par jour dois-tu manger ?

Document 3 :
Faire du sport.

9. Décris cette couverture de livret. Quel est son titre ?

10. Comment les dessins illustrent-ils ce titre ?

11. Pourquoi bouger est-il important pour notre santé ?

12. Et toi, fais-tu du sport ? Lequel ?

Comment

Pour fonctionner et bien grandir, ton corps a besoin de nourriture. Mais, pour rester en bonne santé, tu dois manger équilibré.

1. Décris ce que mange chacun de ces enfants.

2. Quel plateau te semble présenter le repas le meilleur pour la santé ? Pourquoi ?

Document 1 : Choisir son repas.

MANGER CE QU'IL FAUT QUAND IL FAUT

À ton âge, tu as besoin de trois repas par jour et d'un goûter :

- Le petit déjeuner est important car tu n'as pas mangé pendant la nuit et tu as besoin d'énergie. Il doit contenir un produit laitier, des céréales ou du pain, et un fruit ou un jus de fruits.
- À midi, tu dois manger équilibré et varié. Par exemple, des crudités, une viande ou un poisson avec des légumes, un yaourt et un fruit.
- Le goûter n'est pas un vrai repas : il est simplement là pour te redonner du tonus pour la fin de l'après-midi.
- Au dîner, tu dois aussi manger équilibré, mais moins que le midi.
- En dehors des repas, tu ne dois pas grignoter : ton corps n'en a pas besoin et cela risque de te faire prendre trop de poids.

Document 2

3. Combien de repas dois-tu faire chaque jour ?

4. Pourquoi le petit déjeuner est-il un repas important ?

5. À quoi le goûter sert-il ?

6. As-tu besoin de manger entre les repas ? Pourquoi ?

Document 3 :
La roue des aliments.

7. En combien de familles les aliments sont-ils classés ? Cite ces familles.

8. Combien de fruits et légumes dois-tu manger par jour ?

9. Est-ce bon pour la santé de manger beaucoup de bonbons ? Pourquoi ?

10. Que signifie « manger équilibré » ?

11. Pourquoi est-il important de boire de l'eau ?

12. Trouve d'autres aliments à ajouter dans chaque famille.

Des médecins mais aussi des documents permettent de s'assurer que tu grandis bien et que tu es en bonne santé.

① Une pédiatre.

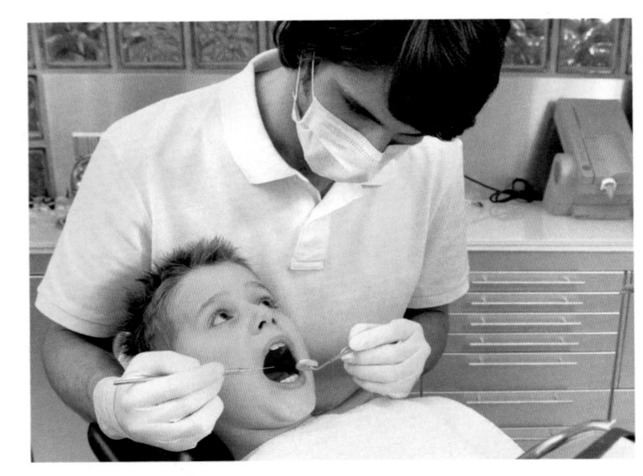

② Un dentiste.

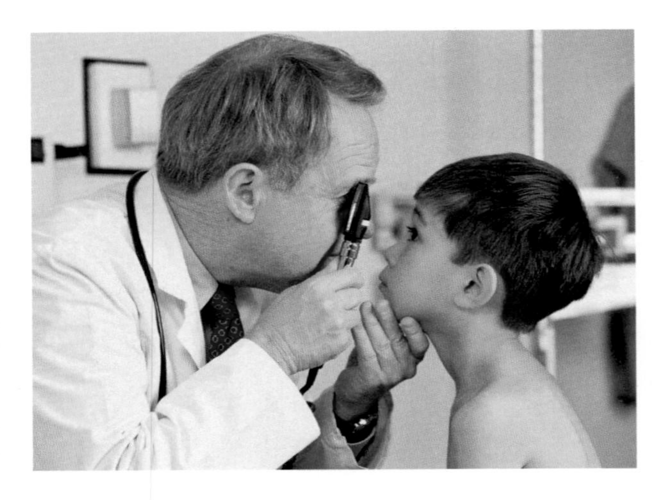

③ Un ophtalmologiste.

Document 1 : Les médecins.

1. Qui sont ces personnes ?

2. Décris ce que fait chacune d'elles.

3. Quand et pourquoi leur rends-tu visite ?

Document 2 : Extrait du carnet de santé d'un enfant de 10 ans.

4. D'où vient ce tableau ?

5. Quelles informations donne-t-il ? Sur qui ?

6. Quelles autres informations peux-tu trouver dans ton carnet de santé ?

7. Qui le remplit ?

8. À quoi sert-il ?

Examens de 6 à 12 ans

Date des examens	Âge	Poids	Taille	Examen clinique Développement psychomoteur Acuité visuelle Acuité auditive
10.10.2007	6 ans	21,1 kg	1,14 m	Examen normal.
5.11.2009	8 ans	23,5 kg	1,22 m	Toux légère sans gravité.
29.09.2011	10 ans	28 kg	1,33 m	Examen normal.

PROVERBES

- Le sommeil est la moitié de la santé.
- La santé, c'est comme la richesse : il ne suffit pas de l'avoir, il faut savoir la conserver.
- Pour bien se porter, il faut petit-déjeuner comme un roi, déjeuner comme un prince, et dîner comme un mendiant.

Document 3

9. Explique chacun de ces trois proverbes.

LEXIQUE

Alimentation équilibrée : alimentation qui comporte tous les aliments dont notre corps a besoin.

Carnet de santé : cahier où tout ce qui concerne ta santé est noté depuis ta naissance.

Hygiène : ensemble des choses que l'on fait pour prendre soin de son corps.

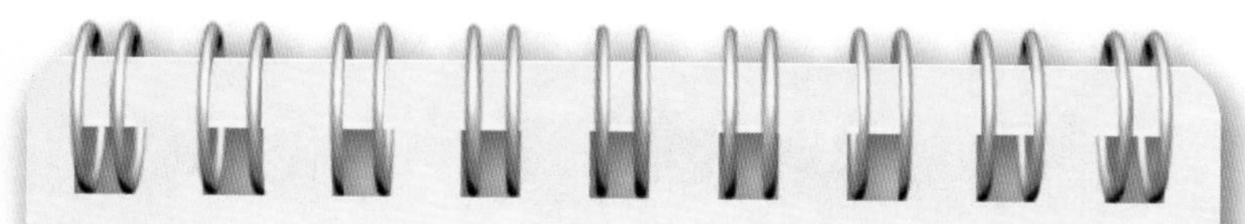

BLOC-NOTES

L'hygiène de vie

Pour être en bonne santé, il faut avoir une **bonne hygiène de vie**. Pour cela, tu dois :
– **manger** correctement pour donner de l'énergie à ton corps ;
– **dormir** suffisamment (entre 10 et 12 heures) ;
– **te laver** les dents, les mains et le corps tous les jours ;
– **faire du sport** pour rester en forme et dépenser de l'énergie.

L'alimentation

Tu dois avoir une **alimentation équilibrée** et variée : tous les aliments sont nécessaires pour que tu grandisses et que ton corps fonctionne bien (sauf le sucre).

Dans la journée, tu dois faire **trois repas** (petit déjeuner, déjeuner et dîner) et prendre un goûter. **Il ne faut pas grignoter entre les repas** car ton corps risque de trop grossir.

La santé

Ton pédiatre (ou ton généraliste) te mesure, surveille ton poids et ton cœur, et vérifie que tes vaccins sont bien à jour. **Ton ophtalmologiste** s'assure que tu as une bonne vue. **Ton dentiste** regarde si tes dents sont bien en place et si tu as des caries.

Quand tu es malade, les médecins peuvent te donner des soins, des médicaments ou des lunettes. Ils notent leurs observations dans ton **carnet de santé** qui te suivra toute ta vie.

Quels dangers peux-tu

Ta maison et ton jardin peuvent être des lieux dangereux : il y a des pièges à éviter et des choses à ne pas toucher.

1. Repère sur ce dessin les personnes qui mettent leur vie ou celle des autres en danger.

rencontrer à la maison ?

Document 1 : Les dangers à la maison.

2. Quels autres dangers vois-tu ?

3. Explique ce qu'il faudrait faire pour que chaque personne soit en sécurité.

Quels sont les dangers

Internet et la télévision peuvent t'être utiles et te distraire. Mais ils peuvent aussi être dangereux.

Document 1 : Des images choquantes.

1. Que font ces trois petites filles ?

2. Que leur arrive-t-il ? Décris la réaction de chacune d'elles.

3. Que peut-il y avoir sur l'écran ?

Document 2

DES RÈGLES À SUIVRE

Sur Internet, **tout n'est pas pour toi.** Il faut suivre quelques règles simples pour surfer en toute sécurité :

- Tu dois **choisir des sites destinés aux enfants de ton âge.**
- Tu ne dois **jamais donner d'informations personnelles** à un inconnu rencontré sur Internet : ni ton nom, ni ton numéro de téléphone, ni ton adresse.
- **Tu ne dois pas croire tout ce que tu lis ou tout ce que tu vois** sur Internet. Si tu as besoin d'aide pour tes recherches ou si tu as un doute, demande à un adulte.
- Si tu vois **quelque chose qui te choque ou te met mal à l'aise, éteins l'écran** et parles-en à un adulte.
- **Tu n'es pas obligé(e) de discuter avec quelqu'un** si tu ne le veux pas.

4. Pour qui ce document a-t-il été écrit ?

5. Pourquoi certains mots sont-ils en gras ?

6. Quels conseils donnent-ils ?

d'Internet et de la télévision ?

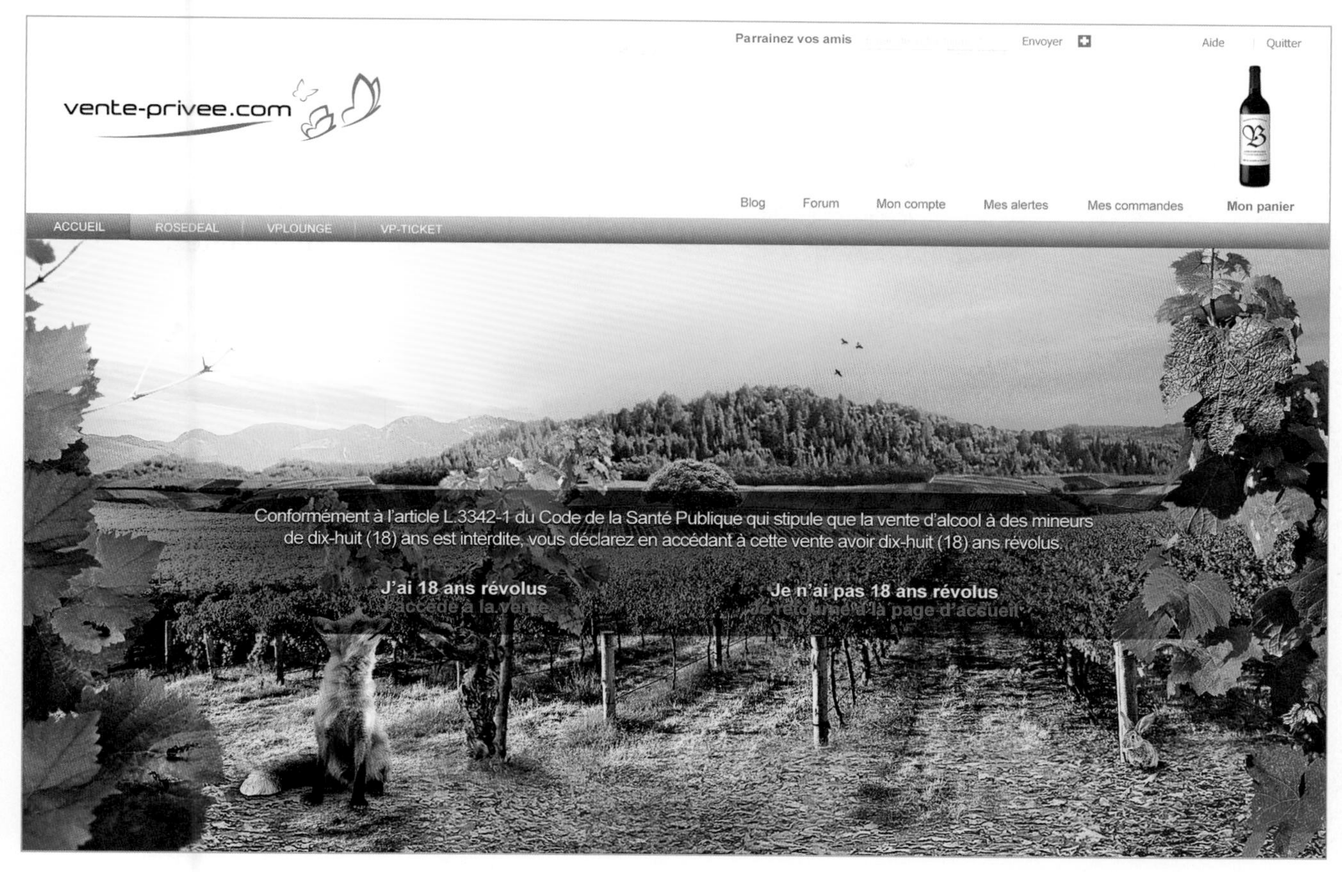

Document 3 : Des mises en garde à respecter.

7. Pourquoi ce message s'affiche-t-il sur l'écran ?

8. Que dois-tu faire si tu vois un message de ce type ?

Document 4

9. Pourquoi certains films sont-ils interdits aux enfants de moins de 10 ans ?

10. Qui doit t'aider à respecter cette interdiction ?

DES SIGLES À CONNAÎTRE

À la télévision, des logos signalent que certains films ou dessins animés sont déconseillés aux enfants de moins de 10, 12, 16 ou même de 18 ans. Il s'agit d'informer les enfants et les adultes qu'ils contiennent des scènes qui peuvent mettre mal à l'aise ou faire peur. Il faut toujours les respecter.

Comment réagir en cas

Si tu es témoin d'un accident, tu dois apprendre à alerter les secours et à réagir calmement en les attendant.

Document 1

1. Décris ce qui se passe dans chaque dessin.

2. Que faut-il faire si tu es témoin de chacune de ces situations ?

3. Qui dois-tu appeler ?

DONNER L'ALERTE

– Allô ! Ici le 15, je vous écoute.
Quel est votre problème ?
– Ma petite sœur est tombée du lit !!!
– Calme-toi et donne-moi ton nom
et ton âge ainsi que ceux de ta sœur.
– Je m'appelle Julie et j'ai 10 ans. Ma sœur
s'appelle Lou et elle a 6 ans.
– Quelle est ton adresse ?
– 35, rue des Tilleuls à Brest.
– Raconte-moi ce qui s'est passé.
– Lou a voulu monter à l'échelle du lit
et elle a glissé.
– Où a-t-elle mal ?
– À la tête et au bras, elle pleure beaucoup !
– Est-ce qu'elle saigne ?
– Non.
– Vous êtes seules ?
– Oui : maman est sortie faire une course.
– On va venir vous aider. Reste avec ta sœur.
Parle-lui. Ne la bouge pas. À tout de suite.

Document 2

4. Quel numéro cette petite fille appelle-t-elle ? Pourquoi ?

5. De quelles informations la personne qui répond a-t-elle besoin pour venir les aider ?

LEXIQUE

S'intoxiquer : s'empoisonner en mangeant ou en buvant certains produits.

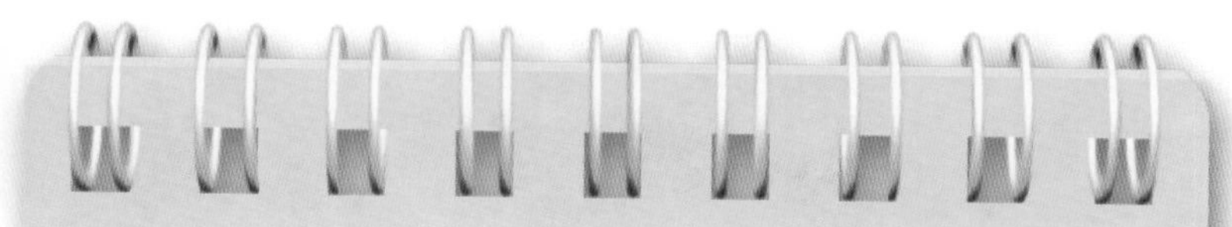

BLOC-NOTES

Les dangers à la maison

À la maison, **tu dois être prudent**. Par exemple, la cuisine est la pièce où ont lieu le plus d'accidents : tu peux te brûler, te couper ou **t'intoxiquer** avec des produits dangereux.

De manière générale, tu ne dois pas jouer avec des objets coupants, ni t'approcher du feu, du four ou de la cuisinière. Tu ne dois pas non plus boire ou avaler des médicaments sans l'accord de tes parents.

Les dangers sur Internet et à la télévision

Internet peut aussi être dangereux. Tu peux y voir des images qui ne sont pas pour toi ou y faire de mauvaises rencontres. Il faut respecter les mises en garde qui s'affichent pour te prévenir.

De même, des logos signalent que **certains programmes télévisés ou jeux vidéo ne sont pas de ton âge**. Il faut respecter ces interdictions.

Être en sécurité

Pour être en sécurité, **tu dois toujours avertir tes parents ou un adulte des problèmes que tu rencontres**. Les adultes sont là pour t'aider et te protéger.

Si tu es témoin d'un accident, tu dois **alerter un adulte** (un parent, un enseignant…) **ou les secours** : il faut composer **le 15 pour le SAMU** ou **le 18 pour joindre les pompiers**. Tu dois essayer de rassurer la victime et rester calme pour répondre aux questions des secours.

Comment circuler

Dans la rue, tu dois toujours faire attention et être prudent(e) pour éviter les dangers.

Document 1 : Toujours être attentif à ce qui t'entoure et respecter les règles de sécurité.

1. Dans cette scène, qui devrait être plus attentif à ce qui l'entoure ? Pourquoi ?

2. Observe les piétons qui traversent. Lequel traverse en toute sécurité ? Pourquoi ?

3. Quels sont ceux qui se mettent en danger ? Pourquoi ?

Document 2 :
Porter des équipements de protection.

4. Que portent ces deux personnes pour se protéger ?

5. Laquelle des deux te semble être la mieux protégée ? Pourquoi ?

6. À vélo, dois-tu aussi porter des protections ? Si oui, lesquelles ?

Document 3 :
Se protéger en voiture.

7. Que doivent faire tous les occupants d'une voiture avant de prendre la route ?

8. Pourquoi ces deux enfants n'ont-ils pas le même fauteuil ?

9. Cherche à partir de quel âge tu n'auras plus besoin de rehausseur.

Comment dois-tu te

La rue n'est pas une aire de jeux :
tu dois t'y déplacer prudemment et t'y comporter correctement.

1. Quelles personnes mettent d'autres personnes en danger par leur comportement ?
Comment ?

comporter dans la rue ?

2. Quelles règles dois-tu respecter pour éviter de mettre les autres en danger dans la rue ?

Document 1 :
Les comportements à éviter.

Quelles sont les règles

Il existe une signalisation qui permet aux véhicules et aux piétons de partager la rue. Tu dois apprendre à la connaître.

LES PANNEAUX DE SIGNALISATION

Pour que tout le monde circule en sécurité en voiture, à moto, à pieds, à vélo, en rollers ou en patinette, des panneaux ont été installés dans les rues. Il existe trois principales familles de panneaux. Chaque famille possède une forme et une couleur précises :

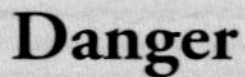

Danger

Obligation

Interdiction

Document 1

1. À quoi les panneaux de signalisation servent-ils ?

2. Que signalent les panneaux ronds rouges ?

3. Quel danger peut signaler un panneau triangulaire rouge ?

4. Comment une obligation est-elle signalée ?

Document 2 : **Savoir lire les panneaux de signalisation.**

5. À qui les panneaux que tu vois sur ce dessin s'adressent-ils ?

6. Que signifie chacun d'eux ?

7. En connais-tu d'autres ? Si oui, lesquels ?

de circulation ?

LEXIQUE

Signalisation routière : ensemble des panneaux, feux tricolores et lignes au sol qui réglementent la circulation de tous.

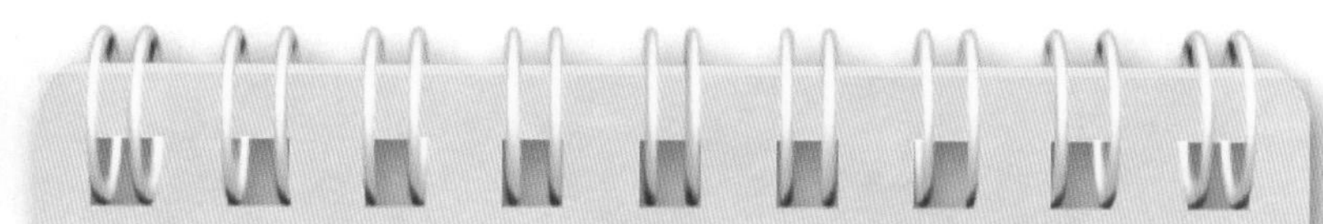

BLOC-NOTES

Circuler en sécurité

Dans la rue, tu dois **respecter des règles** et **avoir un bon comportement** pour ne pas te mettre en danger. Par exemple, tu dois toujours utiliser les passages piétons et bien regarder à gauche et à droite avant de traverser.

Circuler en sécurité, c'est aussi **se protéger**. Par exemple, à vélo, en rollers ou en patinette, il est préférable de porter **un équipement pour te protéger** des chutes et des accidents. En voiture, tu dois **toujours attacher ta ceinture** et être assis(e) dans un siège adapté à ton âge.

Ne pas mettre les autres en danger

Dans la rue, tu dois faire attention à **ne pas mettre les autres en danger par ton comportement**. Par exemple, tu ne dois pas bousculer tes camarades quand vous marchez dans la rue, ni jouer au ballon sur le trottoir.

La signalisation routière

La **signalisation routière** est là pour tous : elle permet aux piétons, aux cyclistes, aux motards et aux automobilistes de circuler ensemble dans les rues. Certains panneaux signalent **des dangers**, d'autres **des obligations** pour les véhicules et d'autres **des interdictions**. **Tu dois bien connaître les règles de circulation pour éviter les accidents.**

Je découvre les hommes du feu

Les pompiers sont des hommes et des femmes qui travaillent pour la sécurité de tous. Ils portent secours aux personnes lors de chutes, de malaises, d'accidents et ils luttent contre les incendies.

Leurs véhicules sont faciles à reconnaître : camions, ambulances, bateaux et hélicoptères sont tous de couleur rouge !
C'est un métier difficile qui nécessite une très bonne condition physique.

Des pompiers secourent une vieille dame.

Je comprends ce qui cause les feux de forêt

Les feux de forêt sont l'un des principaux problèmes des pompiers : un feu peut détruire des centaines d'arbres, de plantes et d'animaux en quelques heures. Éteindre un feu de forêt n'est pas facile et met parfois la vie des pompiers en danger !
De nombreux feux sont déclenchés accidentellement par des adultes ou des enfants imprudents.
Voici quelques exemples de comportements à éviter :

Jouer avec des allumettes ou un briquet.

Faire un feu là où c'est interdit.

Brûler des broussailles près de la forêt.

Jouer avec des pétards dans de l'herbe sèche.

Je crée une affiche de prévention

Avec tes camarades, tu vas réaliser une affiche pour expliquer aux adultes comme aux enfants que la forêt est fragile et qu'il faut éviter certains comportements pour la protéger du feu.

Matériel
- 1 feuille de papier A3
- des feuilles de papier A4
- des crayons à papier
- des feutres ou de la peinture
- des photographies ou des illustrations à coller

1. Observez cette affiche de prévention contre les feux à la maison.
- Quel est le slogan ?
- Comment est-il illustré ?
- Quels conseils sont donnés pour éviter les feux à la maison ?

2. Réfléchissez ensemble à votre affiche.
- Trouvez un slogan qui illustre bien la lutte contre le feu de forêt (protéger la nature, les personnes, les maisons, aider les pompiers...).
- Réfléchissez à ce qui pourrait l'illustrer (des photographies, des dessins...).
- Écrivez une ou deux phrases sur les comportements à éviter pour ne pas déclencher un feu de forêt.

3. Réalisez votre affiche.
- Utilisez des feuilles A4 comme brouillons : trouvez comment disposer les éléments.
- Quand vous êtes tous d'accord, réalisez votre affiche sur la feuille de papier A3.

Qu'est-ce que

La France est un pays situé en Europe.
C'est une République, dirigée par un président élu par les citoyens français.

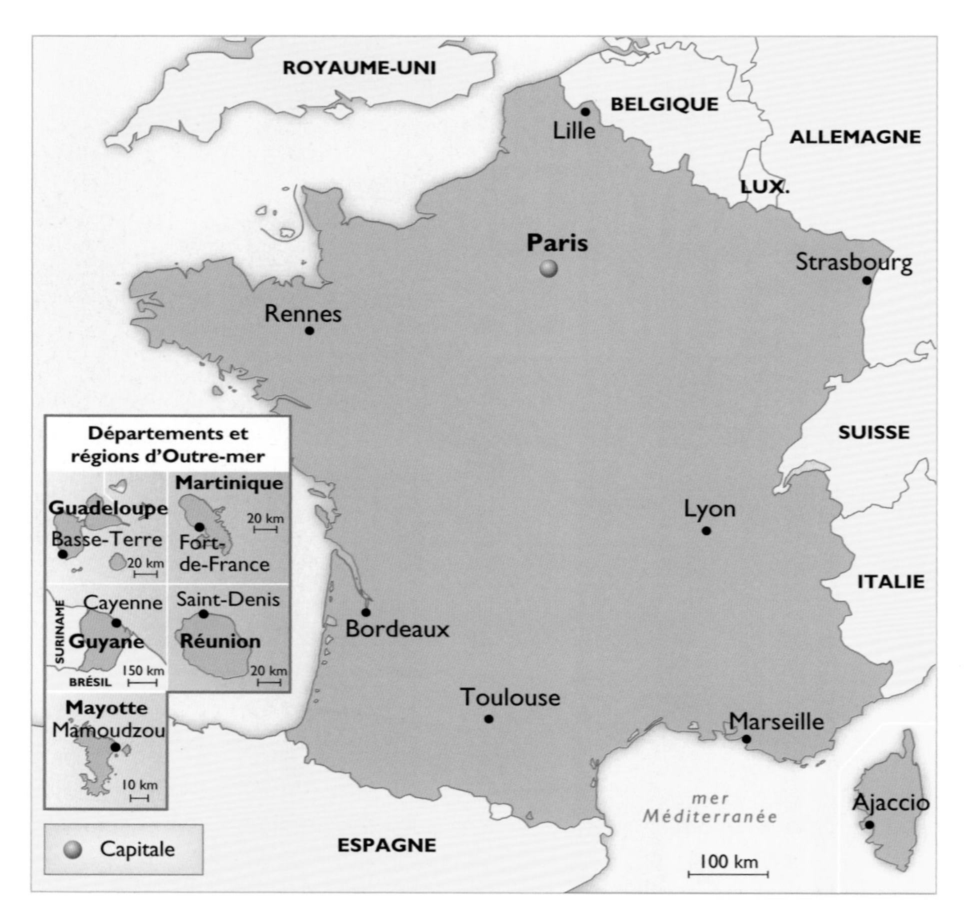

Document 1 : Un pays d'Europe.

1. Que représente cette carte ?

2. Quelle est la capitale de la France ? Situe-la sur la carte.

3. Essaie de situer ta ville ou ton village sur la carte.

4. Qui les Français élisent-ils ?

5. De quoi un maire s'occupe-t-il ?

6. De quoi le président et les députés s'occupent-ils ?

7. Qui peut voter en France ?

8. Et toi, as-tu le droit de voter ? Pourquoi ?

LA RÉPUBLIQUE FRANÇAISE

La France est une République : cela veut dire que les citoyens français de plus de 18 ans élisent des personnes qui les représentent. Certaines sont proches d'eux (le maire) et s'occupent de leur ville ou de leur village.
D'autres, comme les députés et le président de la République, s'occupent des problèmes du pays.

Document 2

la France ?

Document 3 : La présidence de la République.

En France, le président de la République est élu pour cinq ans.
Il travaille dans le palais de l'Élysée avec des ministres qu'il a choisis et qui forment son gouvernement.
Il représente la France à l'étranger.

9. Où le président travaille-t-il ?

10. Où se trouve ce lieu ?

11. Avec qui travaille-t-il ?

12. Que représente-t-il ?

13. Quel drapeau flotte au-dessus du palais de l'Élysée ? Pourquoi ?

Le palais de l'Élysée à Paris.

Document 4 : L'Assemblée nationale.

L'Assemblée nationale est située à Paris.
Elle rassemble les députés français qui votent les lois.

14. Qui travaille à l'Assemblée nationale ?

15. Par qui ces personnes sont-elles élues ?

Quels sont les symboles

La République française a des symboles reconnus par les citoyens. Ils sont présents dans toute la France.

Document 1 : La devise et le drapeau.

1. Comment ce bâtiment public s'appelle-t-il ?

2. Qui y travaille ?

3. Qu'est-ce qui est écrit en haut de la façade ?

4. Que veut dire cette devise ?

5. Pourquoi y a-t-il des drapeaux français ?

6. Que représente ce buste ?

7. Où peut-on trouver ce type de buste ?

8. Que signifient les lettres « RF » ?

Document 2 : Marianne.
La République française est représentée par une femme appelée « Marianne ». Une statue de Marianne est présente dans chaque mairie de France.

❶ Défilé du 14 Juillet 1880 sur la place de la République à Paris.

❷ Défilé du 14 Juillet 2009 sur les Champs-Élysées à Paris.

Document 3 : Le défilé du 14 Juillet.
La fête nationale du 14 Juillet célèbre le souvenir de la prise de la Bastille pendant la Révolution française le 14 juillet 1789. Tous les ans, des défilés et des bals ont lieu partout en France.

9. Que représentent ces deux documents ❶ et ❷ ?

10. À quelles dates ces deux défilés ont-ils eu lieu ?

11. Quel symbole de la République retrouve-t-on dans les deux défilés ?

Document 4

***LA MARSEILLAISE*, HYMNE NATIONAL FRANÇAIS**

Allons, enfants de la patrie :
Le jour de gloire est arrivé !
Contre nous de la tyrannie
L'étendard sanglant est levé. (× 2)
Entendez-vous dans nos campagnes
Mugir ces féroces soldats ?
Ils viennent jusque dans vos bras
Égorger vos fils, vos compagnes !

Refrain
Aux armes, citoyens !
Formez vos bataillons !
Marchons, marchons !
Qu'un sang impur…
Abreuve nos sillons !
[…]

Rouget de Lisle, extrait de *La Marseillaise*, 1792.

12. À quelle chanson ces paroles appartiennent-elles ?

13. Où et quand as-tu déjà entendu cette chanson ?

Qu'est-ce qu'être un jeune citoyen

Le jeune citoyen a des droits et des devoirs. Il peut participer à la vie de sa commune pour aider à mieux vivre ensemble.

C'EST AVOIR DES DROITS

En France, un enfant a plusieurs droits :
– le droit à une identité (un nom et une nationalité) ;
– le droit d'aller à l'école ;
– le droit de dire librement ce qu'il pense ;
– le droit d'être protégé contre la violence et les mauvais traitements ;
– le droit à la santé.

Document 1

1. Pourquoi est-ce important d'avoir une identité ?

2. Qui doit te protéger contre la violence ?

3. Quels sont les droits de tous les enfants qui vivent en France ?

C'EST AVOIR DES DEVOIRS

Un enfant a le devoir d'écouter et de respecter les adultes qui l'entourent, notamment ses parents et les adultes qui travaillent à l'école.
Comme les adultes, il doit aussi respecter la loi : ne pas abîmer les choses qui ne lui appartiennent pas, ne pas voler, ne pas être violent ou raciste. Si l'enfant ne respecte pas ces règles, il est hors la loi et peut être puni.

Document 2

4. Quels devoirs as-tu vis-à-vis des adultes ?

5. Pourquoi dois-tu respecter la loi ?

Le Conseil Municipal des Enfants d'Yzeure en Auvergne, le 8 novembre 2002.

Document 3 : C'est pouvoir participer à la vie de sa commune.
Un Conseil Municipal des Enfants (CME) est un groupe d'enfants élus par leurs camarades de classe. Ils se retrouvent à la mairie pour réfléchir à la façon d'améliorer la vie de tous dans la ville. Leurs propositions sont ensuite présentées au maire. Ainsi, les enfants participent à la vie de leur commune.

6. Qu'est-ce qu'un Conseil Municipal des Enfants ?

7. Où cela se déroule-t-il ?

8. À quoi cela sert-il ?

9. Et toi, qu'aimerais-tu proposer pour améliorer la vie de tous dans ta commune ?

LEXIQUE

Droit : ce qui est permis.

Loi : ensemble des règles que tous les membres d'une société doivent respecter.

Symbole : objet, image, chant ou fête qui représente un pays.

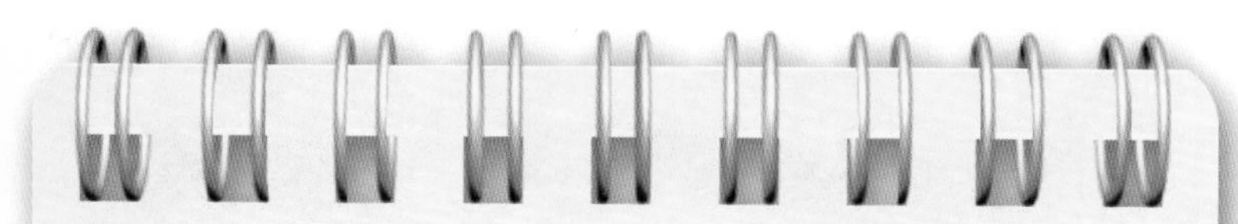

BLOC-NOTES

La France, une République

La France est **une République**. Cela signifie que **les citoyens** français âgés de plus de 18 ans **élisent des représentants**, dont **le président de la République**. Ces représentants établissent des règles de vie dans les communes ou pour le pays.

La capitale de la France est Paris. C'est là que se trouvent le président et son gouvernement.

Les symboles de la République française

La République française a plusieurs **symboles** :
- **le drapeau** bleu, blanc, rouge ;
- **la devise** « Liberté, Égalité, Fraternité », qui est inscrite sur toutes les mairies ;
- **la statue de Marianne**, qui représente la République ;
- ***La Marseillaise***, qui est **l'hymne national** ;
- **le 14 Juillet**, qui est **la fête nationale**.

Être citoyen

Chaque personne, adulte ou enfant, a des **droits** qu'il faut respecter. En échange de ces droits, nous avons tous des **devoirs**. Par exemple, tu dois obéir aux adultes et respecter la **loi**.

Les enfants peuvent aussi participer à la vie de leur commune en se faisant élire au **Conseil Municipal des Enfants**. Ils prennent ainsi part aux projets de leur ville.

Comment participer

Être un citoyen actif, c'est participer à la vie de tous dans ta classe comme à la maison.

Document 1 : Un tableau des services.

1. Où ce document peut-il être affiché ?

2. À quoi sert-il ?

3. Quelles tâches les élèves de cette classe doivent-ils partager ?

à la vie de tous ?

Document 2 : Dans la classe.

4. Observe ce dessin et relis le Document 1 page 52.
Selon le tableau de services, qui devait nettoyer l'aquarium ? arroser les plantes ? effacer le tableau ?

5. Ces enfants ont-ils tous fait ce qu'ils devaient ? À quoi le vois-tu ?

6. Quels enfants participent à la vie de la maison ? Que font-ils ?

7. Lequel ne participe pas ? Pourquoi ?

8. Et toi, que fais-tu à la maison pour aider tes parents ?

Document 3 : À la maison.

Comment être

Être un citoyen actif, c'est aussi être solidaire et aider les autres quand ils en ont besoin.

Document 1 : Partager son goûter avec une copine.

1. Que font ces enfants ?

2. Pourquoi les deux enfants à gauche donnent-ils une partie de leur goûter à leur camarade ?

3. Ferais-tu la même chose si l'un(e) de tes camarades n'avait pas de goûter ? Pourquoi ?

Document 2 : Aider ceux qui en ont besoin.

4. Où se trouvent ces personnes ?

5. Pourquoi la femme tend-elle un bol ?

6. Que fait l'homme ? Pourquoi ?

Document 3 :
Faire des dons.

7. Que vois-tu sur cette photographie ?

8. Qu'y a-t-il d'écrit sur l'affiche collée sur le chariot ? Explique cette phrase.

9. Pour qui cette nourriture est-elle collectée ?

Document 4 :
Participer à de grandes causes.

10. Que vois-tu sur ce document ?

11. Que fait-on avec ces drôles de boîtes ?

12. À ton avis, à quoi l'argent récolté sert-il ?

Comment aider à protéger

Être un citoyen actif, c'est aussi prendre soin du monde qui t'entoure en apprenant les gestes simples et les bons comportements pour protéger la planète.

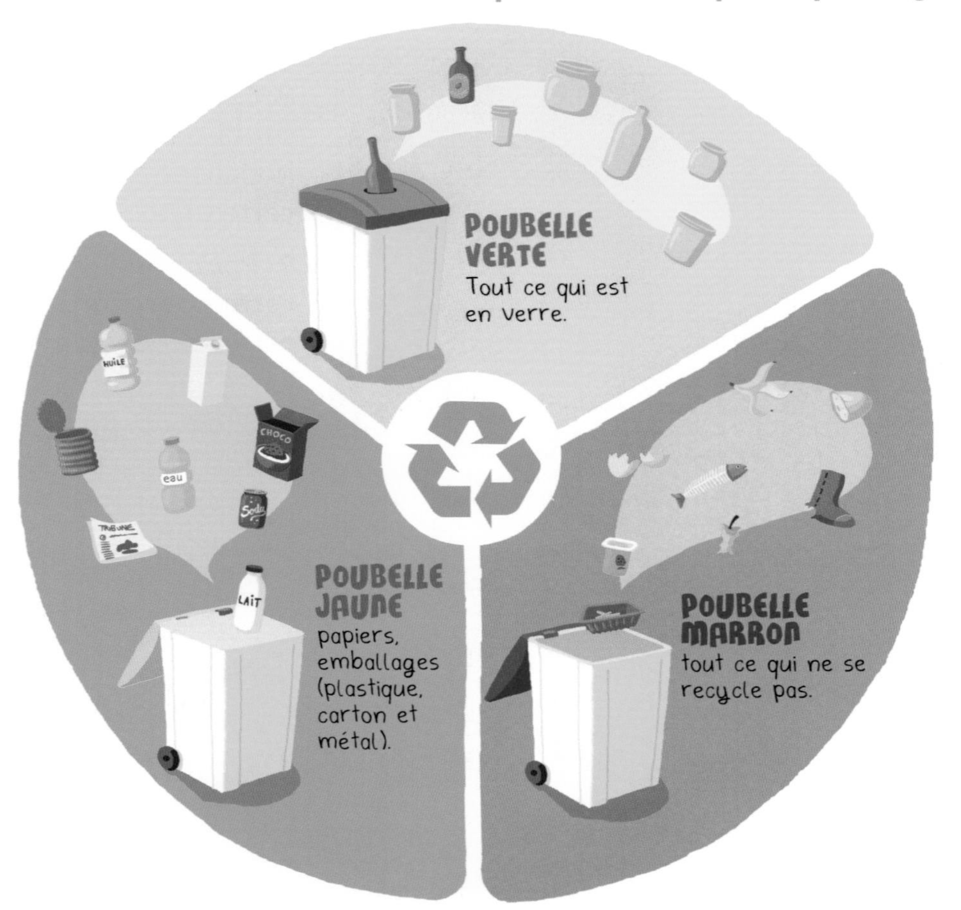

Document 1 : Trier les déchets.
Il est important de trier nos déchets car cela permet d'en recycler une partie et donc de moins gâcher.

1. Pourquoi y a-t-il plusieurs poubelles ?

2. Pourquoi ont-elles des couleurs différentes ?

3. Où dois-tu jeter une canette ? une brick de jus de fruits ? un coton tige ? une bouteille en verre ?

4. Pourquoi faut-il trier nos déchets ?

ÉCONOMISER L'EAU

Protéger l'environnement, c'est aussi économiser l'eau. L'eau potable, c'est-à-dire celle qui peut être bue, est en quantité limitée sur la Terre. À la maison et à l'école, tu dois faire des gestes simples pour ne pas gaspiller l'eau :
– ferme le robinet lorsque tu te laves les dents et lorsque tu te savonnes ;
– prends une douche plutôt qu'un bain ;
– si tu n'as pas fini ton verre d'eau, utilise ce qui reste pour arroser des fleurs ;
– bois de l'eau du robinet plutôt que de l'eau en bouteille ;
– récupère l'eau de pluie pour arroser les plantes…

Document 2

5. Qu'est-ce que l'eau potable ?

6. Pourquoi faut-il l'économiser ?

7. Que dois-tu faire tous les jours pour ne pas gaspiller d'eau ?

Document 3 : **Prendre soin de la nature.**

8. Que vois-tu sur cette plage ?

9. D'où ces déchets viennent-ils ?

10. Que doivent faire les gens pour éviter cela ?

11. Et toi, que fais-tu de tes déchets lorsque tu es dans la nature ?

LEXIQUE

Environnement : monde qui nous entoure.

Être solidaire : aider les autres.

Faire un don : donner de la nourriture, des vêtements ou de l'argent pour aider les autres.

Recyclage : réutilisation de déchets pour fabriquer de nouveaux produits.

BLOC-NOTES

Participer à la vie quotidienne

Tu dois **participer aux tâches quotidiennes** en classe comme à la maison. **Des petits gestes simplifient la vie de tous.** Par exemple, en classe, tu ne dois pas oublier d'arroser les plantes si c'est ton tour de le faire. À la maison, tu peux aider à mettre la table et à débarrasser, à vider le lave-vaisselle et faire ton lit tous les matins...

Être solidaire

Tu peux **être solidaire** avec les gens que tu connais : partager ton goûter avec un(e) camarade qui n'en a pas, prêter tes jouets... Mais tu peux aussi l'être avec des gens que tu ne connais pas en **faisant des dons**.

Protéger l'environnement

Nous sommes tous responsables de l'état de notre planète et nous devons la protéger.

Dans ta vie de tous les jours, tu peux appliquer des règles simples pour ne pas abîmer l'**environnement**. Par exemple, tu dois éviter de jeter n'importe quoi dans la nature, bien trier tes déchets pour aider au **recyclage** et économiser l'eau, qui est un bien rare et précieux.

Je découvre la Convention des droits de l'enfant

Dans de nombreux pays du monde, des enfants sont obligés de travailler et ne peuvent pas aller à l'école. D'autres ne peuvent pas se faire soigner quand ils sont malades ou ne mangent pas à leur faim tous les jours. Leurs droits ne sont donc pas respectés.

Un enfant népalais qui revient des champs.

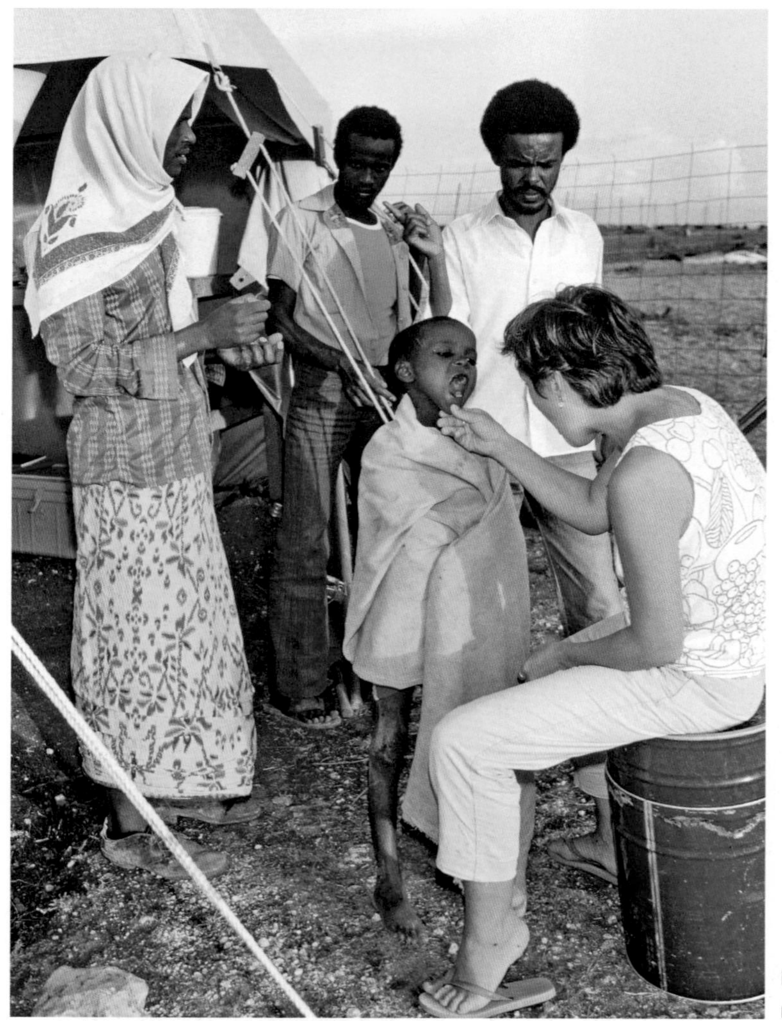

Pour lutter contre ces situations, les dirigeants des pays du monde ont signé en 1989 un texte qui liste les droits des enfants du monde entier.

Les pays qui ont signé ce texte (la *Convention des droits de l'enfant*) se sont ainsi engagés à faire respecter ces droits.

Un médecin examine un petit garçon en Somalie.

des droits de l'enfant

J'EXPLIQUE UNE AFFICHE SUR LES DROITS DES ENFANTS

1. Lis et observe cette affiche.

- Quel est son titre ?
- Combien y a-t-il de droits pour les enfants ?

2. Explique ces droits.

Explique les droits cités sur cette affiche avec tes propres mots (*exemple :* Tous les enfants du monde ont le droit à la nourriture → J'ai le droit de manger trois fois par jour).
Tu peux aussi ajouter des droits.

PETIT DICTIONNAIRE DE MAXIMES ILLUSTRÉES

L'EFFORT

C'est en essayant encore et encore que le singe apprend à bondir. *(proverbe africain)*

L'EXCUSE

L'ignorance de la loi n'excuse personne. *(citation latine)*

LA LIBERTÉ

Un homme n'est pas maître d'un autre homme. *(Épictète, « Les Entretiens »)*

La liberté des uns s'arrête où commence celle des autres. *(citation française, « La France en proverbes », 1909)*

La patience et la maîtrise de soi

Rien ne sert de courir : il faut partir à point. *(Jean de La Fontaine, « Le Lièvre et la Tortue », VI, 10)*

La patience aplanit les montagnes. *(citation libanaise)*

La prudence

Mieux vaut prévenir que guérir. *(proverbe français)*

Le respect

Garde-toi, tant que tu vivras, de juger les gens sur la mine. *(Jean de La Fontaine, « Le Cochet, le Chat et le Souriceau », VI, 5)*

Ne fais pas à un autre ce que tu n'aimerais pas qu'on te fasse. *(proverbe français)*

La solidarité

L'union fait la force. *(Ésope, « Les Fables »)*

PETIT DICTIONNAIRE DE L'INSTRUCTION CIVIQUE ET MORALE

A

Alimentation équilibrée : alimentation qui comporte tous les aliments dont notre corps a besoin.

B

Bien public : matériel qui sert à tout le monde.

C

Carnet de santé : cahier où tout ce qui concerne ta santé est noté depuis ta naissance.

D

Droit : ce qui est permis.

E

Environnement : monde qui nous entoure.

Être raciste : rejeter quelqu'un en raison de sa couleur de peau, de sa religion ou de ses origines.

Être responsable : savoir si ce que l'on fait est bien ou mal.

Être solidaire : aider les autres.

F

Faire un don : donner de la nourriture, des vêtements ou de l'argent pour aider les autres.

H

Hygiène : ensemble des choses que l'on fait pour prendre soin de son corps.

I

Identité : ensemble des informations qui permettent d'identifier une personne.

S'intoxiquer : s'empoisonner en mangeant ou en buvant certains produits.

L

Loi : ensemble des règles que tous les membres d'une société doivent respecter.

N

Nationalité : appartenance d'une personne à un pays.

P

Politesse : ensemble des règles de savoir-vivre.

R

Recyclage : réutilisation de déchets pour fabriquer de nouveaux produits.

Règle : comportement à suivre par tout le monde.

Règlement : ensemble des règles à respecter.

Respect : fait de faire attention à ce qui nous entoure.

S

Signalisation routière : ensemble des panneaux, feux tricolores et lignes au sol qui réglementent la circulation de tous.

Symbole : objet, image, chant ou fête qui représente un pays.

Crédits photographiques

Rabat avant : © Leemage. **Garde avant : h.g.** © Nicolas Tavernier/Réa ; **h.m.** © Stéphane Audras/Réa ; **h.d.** © Ian Hanning/Réa ; **m.d.** © Pierre Gleizes/Réa ; **b.d.** © Peter Dazeley/Photographer's choice/Getty Images ; **b.m.** © Photolibrary.com ; **b.g.** © Photolibrary.com. **P. 5 :** © Photolibrary.com. **P. 6 :** © RCWW, Inc./Corbis. **P. 7 : h.** © Photolibrary.com/Kablonk. **P. 8 : h.** © Imagesource/Réa ; **b.** © Photolibrary.com/Ticket. **P. 9 : h.** © Getty Images/Photographer's choice/Sylvain Sonnet ; **b.** © UNICEF. **P. 10 :** © Jacques Sierpinski/TOP/Gamma Rapho. **P. 12 :** © National Gallery of Scotland, Edinburgh, Scotland/Bridgeman Art Library. **P. 14 : h.g. et h.d.** © Photolibrary.com/Imagebroker.net. **P. 15 : h.** © société Bonne Pioche. **P. 16 : b.d.** © allo119.gouv. **P. 18 : b.g.** © Jade Albert Studio, Inc./Getty Images ; **b.d.** © Photo and Co./Getty Images. **P. 19 :** © Glowimages/Corbis. **P. 22 : b.g.** © Bayard Jeunesse ; **b.d.** © Hatier, 2004. **P. 23 :** illustration de Jacques Azam, extraite de l'ouvrage *Savoir faire face au racisme* d'Emmanuel Vaillant, coll. « Les Essentiels Milan Junior », © éd. Milan, 2000. **P. 27 :** www.inpes.sante.fr © INPES. **P. 30 : h.g. et h.d.** © Wolfgang Flamisch/Corbis ; **m.** © Adamsmith/Getty Images. **P. 34 :** © Photolibrary.com/Imagebroker.net. **P. 35 : h.** © www.vente-privee.com. **P. 39 : h.g.** © Photolibrary.com/Index Stock Imagery ; **h.d.** © Photolibrary.com/Imagebroker.net ; **b.** © Rune Hellestad/Corbis. **P. 44 :** © Belzit Jean-Pierre/Sipa. **P. 45 :** © Ministère de l'Écologie, du Développement durable et des Transports. **P. 47 : h.** © Bernard Annebicque/Corbis Sygma ; **b.** © Hervé Champollion/Top/Gamma Rapho. **P. 48 : h.** © Pierre Gleizes/Réa ; **b.** © Gaston Paris/Roger-Viollet. **P. 49 : h.g.** © Bridgeman-Giraudon/Bridgeman Art Library ; **h.d.** © Gilles Rolle/Réa. **P. 51 :** © Richard Damoret/Réa. **P. 55 : h.** © Johanna Leguerre/AFP ; **b.** © Fondation Hôpitaux de Paris-Hôpitaux de France. **P. 57 :** © Jane Sweeney/The Image Bank/Getty Images. **P. 58 : h.** © Gerard Sioen/Gamma Rapho ; **b.** © Peter Turnley/Corbis. **P. 59 :** © Unicef et Fleurus Presse. **Rabat arrière : h.** © Adam Woolfitt/Corbis ; **m.** © Gilles Rolle/Réa ; **b.** © Gaston Paris/Roger-Viollet.

Achevé d'imprimer enEspagne par CAYFOSA
Dépôt légal: juillet 2013
Collection nº 74
Edition nº 02
11/7911/8